AF602746

13 Mars 1909

marqué PN

Collection de M. le Docteur S***

Tableaux

ANCIENS

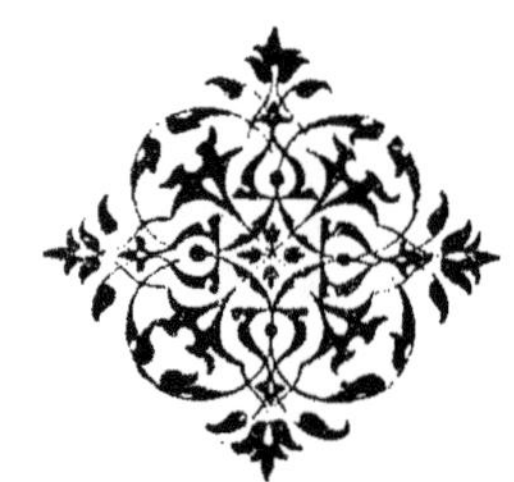

Collection de M. le Docteur S***

*

TABLEAUX

ANCIENS

CE CATALOGUE SE DISTRIBUE

A PARIS, CHEZ :

Mᵉ LAIR-DUBREUIL	M. Henri HARO
COMMISSAIRE-PRISEUR	PEINTRE-EXPERT
6 rue Favart, 6	14, rue Visconti, et rue Bonaparte, 20

CONDITIONS DE LA VENTE

Elle sera faite au comptant;

Les acquéreurs payeront *dix pour cent* en sus des enchères.

CATALOGUE

DES

TABLEAUX ANCIENS

PAR OU ATTRIBUÉS A

Boursse, Bray (J. de), Claes, Harlow, Héda, Helst (Van der), Hoppner, Janssens, Lawrence, Morone, Neer (Van der), Ostade, Oudry, Roslin, Steen (Jean), etc.

Collection de M. le Docteur S***

ET DONT LA VENTE AURA LIEU

HOTEL DROUOT, SALLE N° 6

Le Samedi 13 Mars 1909

à deux heures et demie

EXPOSITION PUBLIQUE : Le Vendredi 12 Mars 1909

de une heure et demie à cinq heures et demie

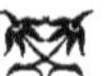

Me LAIR-DUBREUIL
COMMISSAIRE-PRISEUR
6, rue Favart, 6

M. Henri HARO
PEINTRE-EXPERT
14, rue Visconti, et rue Bonaparte, 20

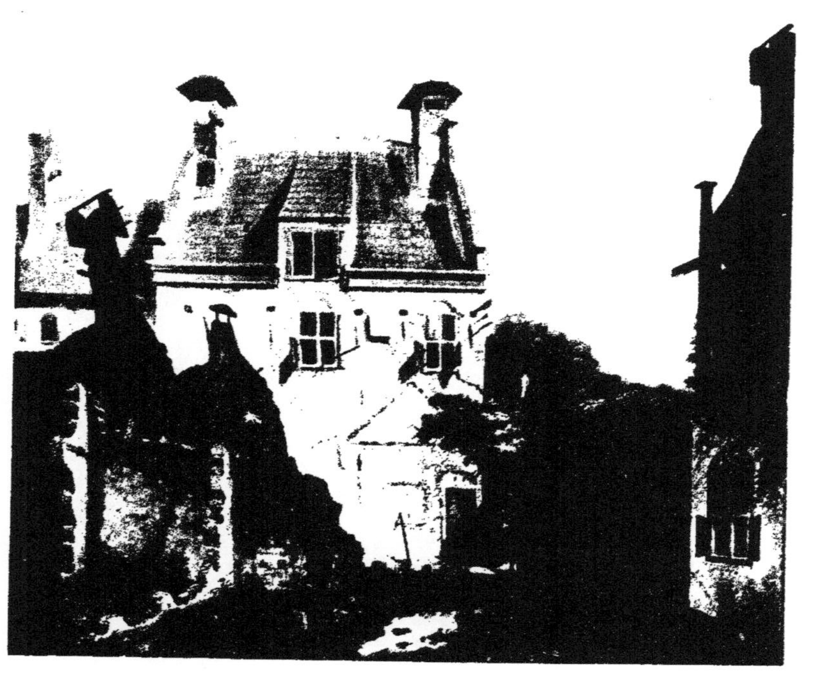

f 50

HELIO FORTIER ET MAROTTE

TABLEAUX ANCIENS

BOURSSE

(ESAIAS)

1 — *Un coin de Delft.*

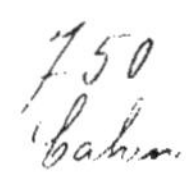

Une maison au toit de briques rouges, aux étroits vitrages, qu'éclaire un chaud soleil ; à droite, un parc enclos dont les épaisses frondaisons viennent couper le mur de la maison et se fondent au loin dans la buée grise d'un ciel où courent quelques nuages. Un enfant va sortir par la porte ouverte du parc sur le chemin ombragé ; à gauche, des masures en ruines dressent les pans de leurs murs découpés au bord de la petite mare.

Signé du monogramme sur la porte.

Bois. Haut., 40 cent.; larg., 46 cent.

BRAY

(J. DE)

(Attribué à)

2 — *Portrait de jeune Homme.*

Il est tourné de trois quarts, le visage encadré d'une haute perruque qui tombe bas sur le front par quelques mèches légères, puis descend de chaque côté sur la collerette de dentelles. Il a l'air jeune, sa bouche est surmontée d'une moustache naissante ; vu jusqu'à la taille, il porte un habit noir à crevés sur une chemise de batiste.

On lit à gauche : *Ætatis 31 ano 1655.*

Toile. Haut., 71 cent.; larg., 59 cent.

CAPELLE

(VAN)

(Attribué à)

3 — *L'Embarquement.*

Le soleil a disparu derrière un gros nuage dont il dore encore les bords floconneux ; sur une mer aux eaux sombres, au loin, le grand trois-mâts attend immobile, tandis que des petites barques s'en vont au rivage chercher voyageurs et bagages. A gauche, un voilier est amarré le long d'un débarcadère fait de quelques planches bâties sur pilotis. Deux voyageurs debout sur la passerelle surveillent le chargement, cependant que sur l'escalier de bois un homme descend portant un sac.

Toile. Haut., 71 cent.; larg., 87 cent.

Cadre en bois sculpté.

CASANOVA

(École de)

4 — *Le Départ.*

Toile. Haut., 46 cent.; larg., 37 cent.

CASANOVA

(École de)

5 — *L'Hallali.*

Toile. Haut., 46 cent.; larg., 37 cent.

CASANOVA

(École de)

6 — *La Curée.*

Toile. Haut., 46 cent.; larg., 37 cent.

CASANOVA

(École de)

7 — *La Collation.*

Quatre petits tableaux épisodiques se faisant suite.

Toile. Haut., 46 cent.; larg., 37 cent.

CLAES

8 — *Nature morte.*

C'est sur la nappe blanche un pêle-mêle de plats non desservis. A droite, un panier rempli de fruits variés : pêches, cerises, raisins; une grande cafetière, un citron à demi épluché, deux poissons frits dans un plat : derrière un appétissant jambon, on aperçoit un melon, un verre à demi plein, un morceau de pain ; enfin, à gauche, dans un plat de porcelaine, un gâteau entamé et une cuillère d'argent.

Signé du monogramme à gauche et daté 1645.

Bois. Haut., 72 cent.; larg., 1 m. 09.

COQUES
(GONZALES)

ET

SEGHERS
(D.)

(Attribué à)

9 — *Portrait de Dame; médaillon dans une guirlande de fleurs.*

Bois. Haut., 63 cent.; larg., 48 cent.

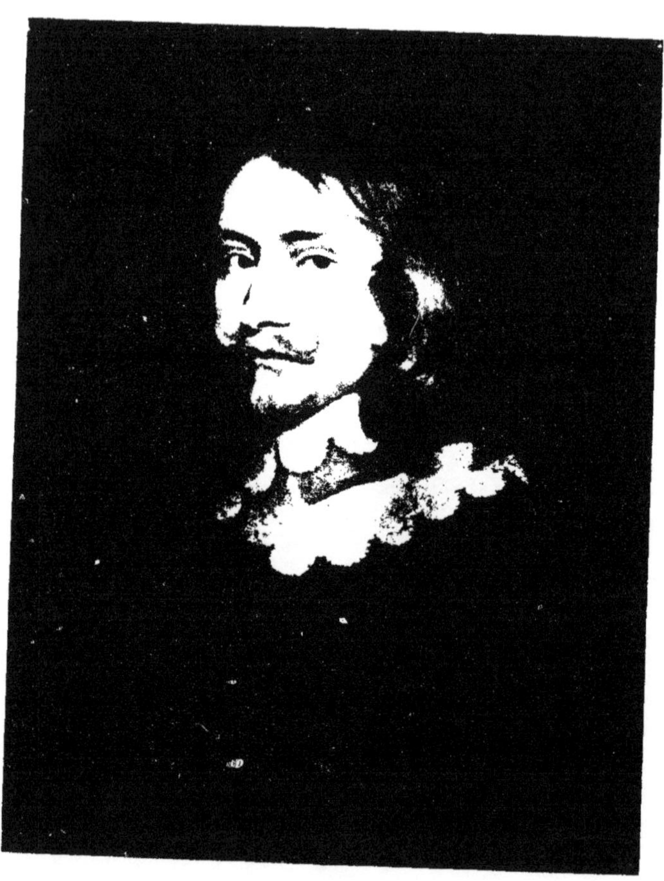

HÉLIO FORTIER ET MAROTTE

DYCK

(VAN)

(Attribué à)

10 — ***Portrait du comte de Suffolk.***

Il est vu de trois-quarts, l'air jeune, portant la moustache en croc et une courte barbe blonde. Il est vêtu de noir; sa longue et épaisse chevelure ondoyante vient tomber sur le col de fine dentelle. Ses yeux profonds sont empreints de mélancolie.

Toile. Haut., 69 cent.; larg., 52 cent.

ÉCOLE FRANÇAISE

11 — ***Retour de partie en bateau.***

Au bord de la rivière un jeune seigneur aide en souriant une belle à descendre de bateau, tandis que le passeur maintient la barque avec une gaffe. Un autre couple déjà débarqué minaude amoureusement dans la fraîche allée.

Toile. Haut., 1 m. 13; larg., 97 cent.

ÉCOLE HOLLANDAISE

12 — ***Portrait d'Homme.***

Toile. Haut., 75 cent.; larg., 64 cent.

ÉCOLE HOLLANDAISE

13 — *Portrait de Dame hollandaise.*

Elle porte un costume noir aux emmanchures de dentelles, garni d'un large col de dentelles que rattache une monture garnie d'une perle. Vue de trois quarts de buste, ses cheveux sont maintenus dans une gaine de gaze noire qui vient en pointe sur le front et à laquelle sont suspendues deux boucles d'oreilles en perles.

Bois. Haut., 70 cent.; larg., 54 cent.

Cadre en bois sculpté.

GÉRICAULT

(?)

14 — *Chevaux morts.*

Toile. Haut., 31 cent.; larg., 46 cent.

GUARDI

(?)

15 — *Une vue de Santa Maria della Salute.*

A gauche, la façade bien éclairée de l'église que dominent en arrière une coupole et un haut campanile, et qu'encadrent des maisons roses. Et c'est devant le porche, une petite place devant laquelle les gondoles viennent aborder.

Au premier plan, les eaux du canal peuplées de gondoles. Ici c'est un voilier qu'accoste une petite barque; là quelques légers exquifs aux toitures en arceaux où rêvent des couples amoureux. Au fond, dans la brune du soir, le canal s'enfonce bordant la rangée des maisons.

Toile. Haut., 30 cent.; larg., 54 cent.

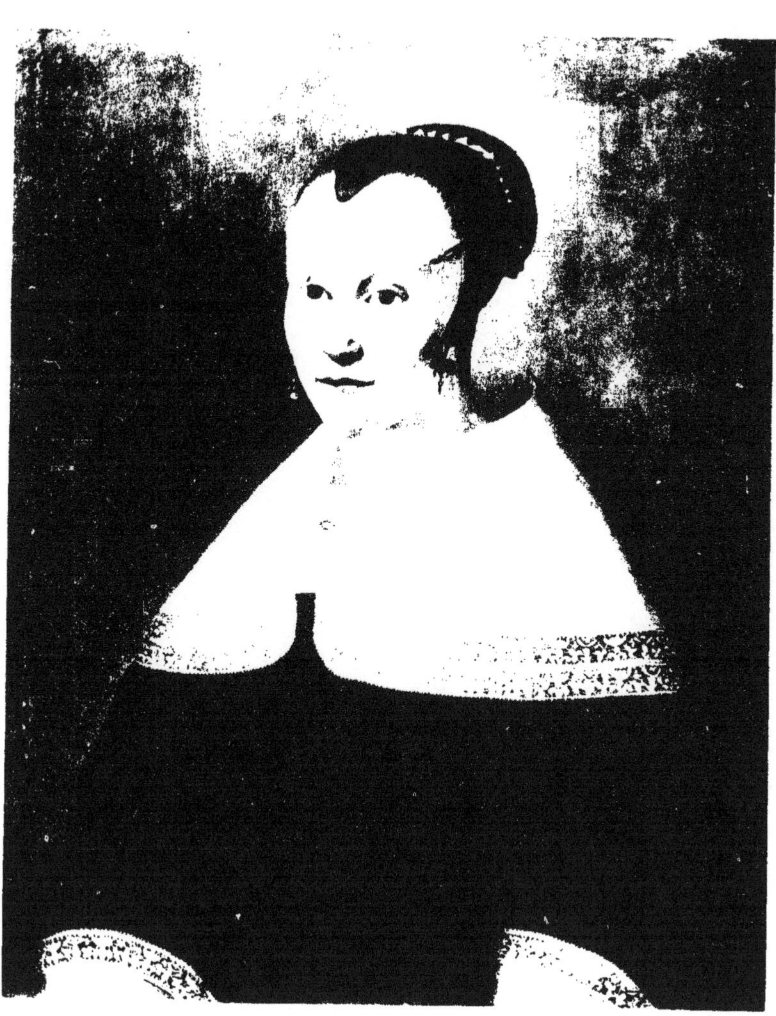

HALS

(Attribué à)

16 — *Tête d'Enfant rieur.*

Renversant en arrière sa tête à l'abondante chevelure, ouvrant grande la bouche, un jeune enfant rit aux éclats. Il porte une collerette blanche et tient à la main un sifflet.

Toile. Haut., 33 cent.; larg., 28 cent

HARLOW

(GEORGES)

17 — *Portrait de miss Simmons.*

Elle est vue dans un parc, la tête fine et distinguée se détachant sur des feuillages d'automne aux tons roux. Les cheveux châtains coiffés d'un ruban, elle tourne de trois quarts un visage aux joues rosées, des yeux rêveurs délicatement ombrés, une bouche moqueuse. Vue de buste et vêtue d'un corsage vert décolleté, elle porte la main gauche à sa poitrine.

Toile. Haut., 60 cent.; larg., 50.

HEDA

18 — *Nature morte.*

Sur une table au tapis vert, que recouvre une nappe à demi enlevée, on remarque à gauche sur un plat d'argent les restes d'un jambon, un couteau jeté sur deux assiettes d'argent, un verre, une flûte à champagne à demi remplie de vin mousseux, une coupe renversée; à droite, une sorte de ciboire doré dont le couvercle est surmonté d'une statuette de guerrier, un citron.

Signé sur le coin de la nappe blanche à droite.

Bois. Haut., 60 cent.; larg., 83 cent.

HEDA

(W. C.)

(Attribué à)

19 — *Nature morte.*

A gauche, sur une nappe blanche au coin légèrement relevé, un jambon à demi coupé sur un plat d'argent, un moutardier, un pain, un couteau; à droite, à même la draperie violacée, un pot de grès, un verre, un fromage qui supporte une assiette de pâté ornée d'un œillet, puis au premier plan un étroit verre sans pied à demi plein, et une assiette d'argent portant une tranche de jambon.

Bois. Haut., 56 cent.; larg., 80 cent.

Ce tableau était indiqué dans la collection comme peint par Héda; il nous paraît plutôt être de P. Claes.

HELST

(VAN DER)

20 — *Portrait d'Homme.*

Il est vu jusqu'aux genoux, appuyant sur une table à tapis vert la main droite qui tient des gants. Se détachant sur un fond gris, il porte un habit noir à manchettes de dentelles, qui, entr'ouvert sur la poitrine, laisse apercevoir la chemise de batiste; la main gauche appuyée sur la hanche supporte un lourd manteau noir.

Les cheveux blonds coiffés d'une toque noire et séparés par le milieu viennent tomber en boucles ondulées sur le large col empesé. Le visage aux courtes moustaches, aux traits allongés est d'expression distinguée Le nez est long et mince, les yeux un peu rêveurs mais vifs.

A droite, en haut, les armoiries.

Toile. Haut., 1 m. 20; larg., 91 cent.

HOGARTH

(École de)

21 — *La Toilette.*

Toile. Haut., 35 cent.; larg., 31 cent.

HOPPNER

(Attribué à)

22 — *Portrait de lady Duncannon.*

Toile. Haut., 60 cent.; larg., 50 cent.

Cadre en bois sculpté.

JANSSENS

23 — *Le Chasseur.*

Debout dans l'encadrement d'une large baie que ferme en partie un rideau rouge, le jeune chasseur, coiffé d'un feutre gris à ruban rouge et plumes blanches, et vêtu de vert, tient à la main un oiseau mort ; il a appuyé l'autre bras sur l'épaule d'une accorte servante qui tend la main comme pour lui reprendre son gibier ; coiffée d'un large chapeau de paille, elle tient un panier chargé de fruits variés ; sur le rebord de pierre, devant le chasseur sont étalés pêle-mêle divers volatiles, une cafetière, un panier d'osier auquel sont suspendus un coq et un paon.

Signé en bas et daté 1784.

Bois. Haut., 38 cent. ; larg., 30 cent.

LAWRENCE

(T.)

24 — *Portrait de l'acteur Kimble.*

Il est assis sur un fauteuil rouge, sa tête se détachant sur un fond gris que coupe à gauche un rideau rouge. Appuyé sur le coude droit, il s'arc-boute de l'autre bras sur le bras du fauteuil, et, faisant valoir sa belle prestance, il redresse son visage aux traits énergiques ; ses yeux sourient comme d'une vision lointaine, tandis qu'une main joue avec le verre d'un monocle dont le cordon est passé sur son gilet blanc. Il porte les cheveux rejetés en broussaille en arrière de la tête et d'épais favoris. Il est revêtu d'un habit bleu à boutons dorés.

Toile. Haut., 76 cent. ; larg., 63 cent.

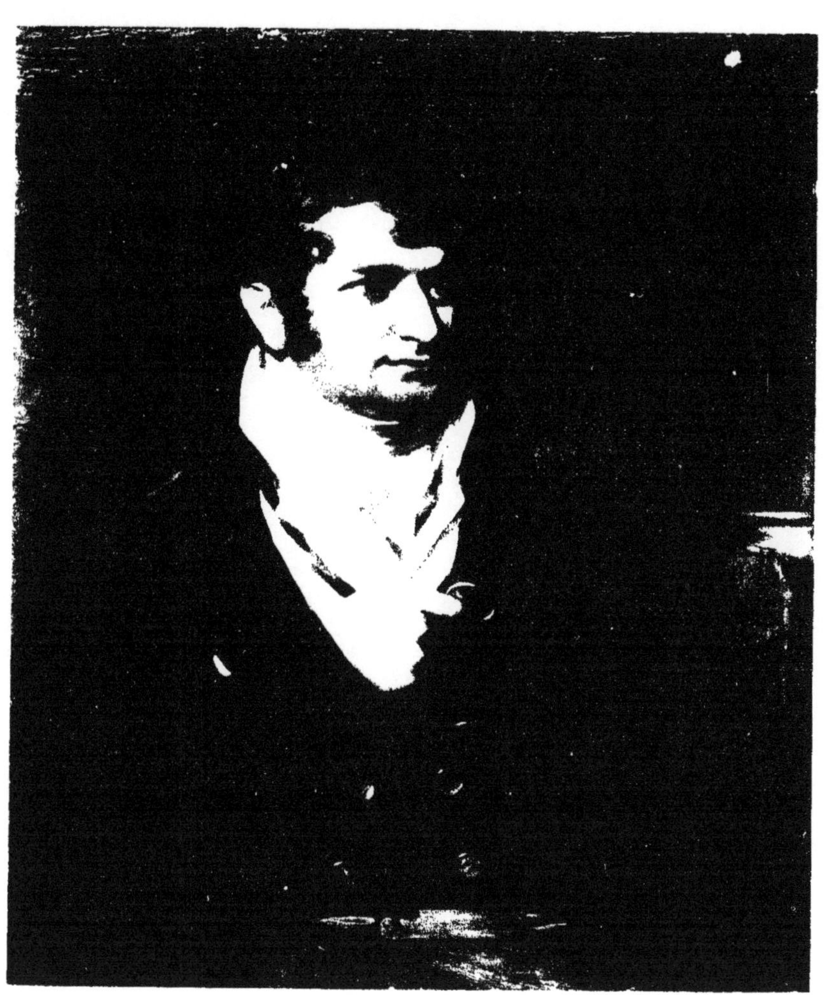

MORONE

(Attribué à)

25 — *Portrait d'Homme.*

Il est vu de buste, vêtu d'un justaucorps d'un jaune doré que recouvre un habit noir. Il est tourné de trois quarts, le cou pris dans un col de dentelles, portant la moustache et une courte barbe carrée.

Toile. Haut., 60 cent.; larg., 48 cent.

Cadre en bois sculpté.

NEER

(A. VAN DER)

(Attribué à)

26 — *Sports d'Hiver.*

Sur le lac aux eaux glacées, hommes, femmes et enfants sont venus prendre leurs ébats. Parmi les groupes de gamins et de bourgeois, un seigneur qu'accompagnent ses deux fils parle à un joueur de hockey. Çà et là des barques amarrées; sous un ciel d'hiver d'un bleu froid et couvert de quelques nuages, les rives se dressent bordées d'arbres dénudés, avec leurs maisonnettes aux toits de chaume couverts de neige.

Bois. Haut., 37 cent.; larg., 59 cent.

Cadre en bois sculpté.

OSTADE

(ADRIEN)

(?)

27 — *Les Joueurs de Cartes.*

A la porte de l'auberge, deux joueurs se sont installés devant un tonneau ; mais l'un, mauvais caractère, a jeté ses cartes à terre, s'est levé en renversant son banc et fait une scène à son compagnon. Auprès d'eux une vieille femme tenant une cruche de vin rit en élevant son verre au-dessus de sa tête. Sur un panier renversé, un homme au vaste feutre fume la pipe ; un autre joue distraitement du violon tout en regardant les joueurs.

Bois. Haut., 40 cent.; larg , 50 cent.

OSTADE

(ISAAC)

(Attribué à)

28 — *Fête villageoise.*

Devant l'auberge dont l'auvent s'orne de champêtres guirlandes de feuillage, paysans et paysannes dansent, tandis que perché sur un tonneau, un chien blanc à ses côtés, un homme joue de la cornemuse ; à gauche. un danseur invite une jeune femme assise sur un banc ; dans le coin de droite, une paysanne, un pot de vin à la main, se laisse prendre un baiser. Plus loin, au bord du chemin qui s'enfonce vers la gauche, on aperçoit un homme à cheval, entouré de gamins, tandis que par-dessus les arbres apparaît le faîte du clocher.

Bois. Haut., 52 cent.; larg., 84 cent.

Cadre en bois sculpté.

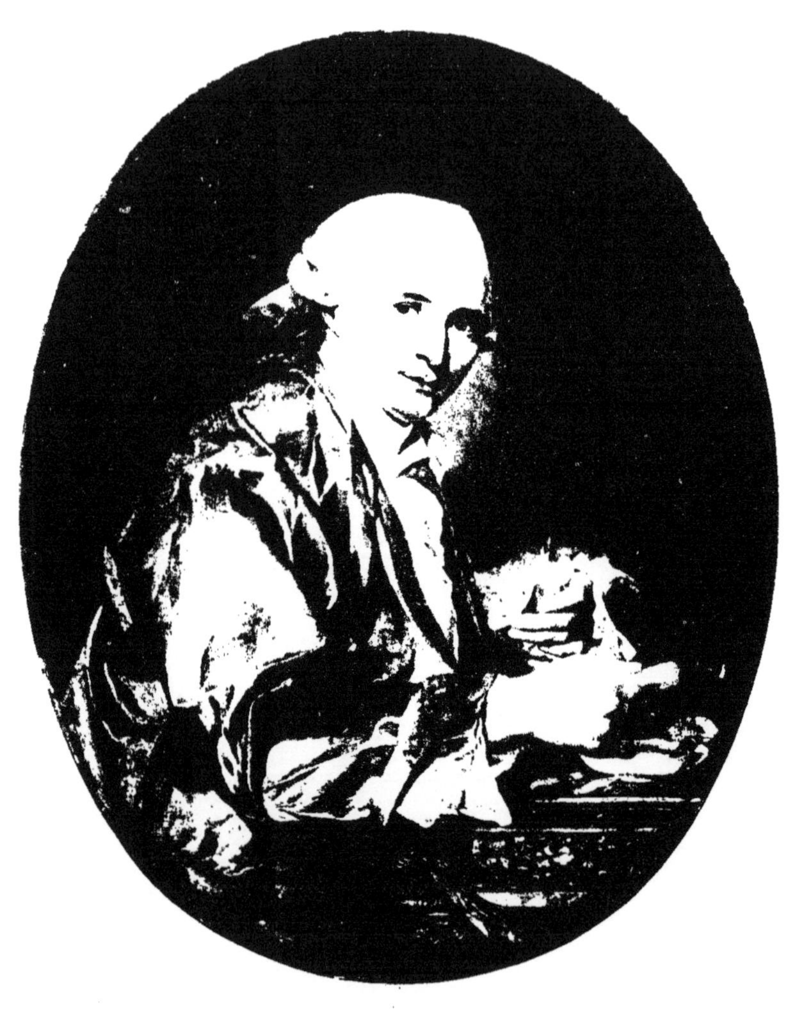

OUDRY

29 — *Portrait de Chasseur.*

Il est debout dans un parc, son fusil posé près de lui : d'une main il tient une perdrix, de l'autre il caresse son chien blanc qui flaire encore le gibier : vu de trois quarts jusqu'à la taille, il est coiffé d'un vaste tricorne et revêtu d'un habit rouge sous lequel paraissent aux manches de fins poignets de dentelle : il porte sur son gilet rouge orné de dentelles une cravate noire.

Toile. Haut., 96 cent. ; larg., 73 cent.

Cadre en bois sculpté.

ROSLIN

(A.)

30 — *Portrait présumé du naturaliste Linné.*

Accoudé à une table de marbre aux ornements dorés, le savant naturaliste, une robe de chambre d'un marron violacé passée sur sa fine chemise de batiste tient en mains divers coquillages qu'il prend devant lui dans une soucoupe de porcelaine blanche. Il se tourne de trois quarts, les yeux vifs, le teint rose, les joues fraîchement rasées : il porte une perruque blanche.

Toile forme ovale. Haut., 92 cent. ; larg., 73 cent.

SNYDERS

(École de)

31 — *Chasse au Lion.*

Toile. Haut., 41 cent.; larg., 63 cent.

STEEN

(JAN)

32 — *Le Roi boit.*

Vêtu de gris, la serviette nouée autour de la taille et coiffé d'un chapeau que décore une fragile couronne en papier, le roi d'un jour élève en riant sa coupe à ses lèvres. Près de lui, devant la table, une femme donne le sein à un jeune poupon. Enfoncé dans une guérite en osier auprès d'une paysanne qui tient un enfant sur ses genoux un homme regarde en souriant, tandis que trois autres jeunes gens groupés autour du festin acclament à qui mieux mieux le buveur.

Signé sur un papier à gauche et daté.

Toile. Haut., 65 cent.; larg., 96 cent.

Ce tableau nous paraît bien de Jean Steen; mais il est si maladroitement retouché qu'il est difficile d'être affirmatif.

TÉNIERS

(École de)

33 — *Les Chaumières; effet de neige.*

Parmi les arbres dénudés et revêtus de givre, deux maisonnettes aux toits de chaume ensevelis sous la neige et dont les cheminées fument mélancoliquement ; derrière elles, le soleil couchant jette parmi les nuages de rouges lueurs d'incendie. Sur la route couverte de neige, trois personnages se sont arrêtés, tandis qu'au premier plan à gauche un vagabond s'avance chargé d'un sac.

Bois. Haut., 22 cent. ; larg., 18 cent.

Cadre en bois sculpté.

11112 — Imprimerie Motteroz et Martinet, Paris.

www.ingramcontent.com/pod-product-compliance
Ingram Content Group UK Ltd.
Pitfield, Milton Keynes, MK11 3LW, UK
UKHW021028260726
13994UKWH00005B/2011

9 782329 514987